11

Learning Therapy

전문가용

학습치료 프로그램
어휘 범주화 카드

최 정 원 · 이 영 호 공저

학지사

전문가용 학습치료 프로그램 지침서

어휘 범주화 카드

지시 / 형태 / 선 / 청각 / 촉각 / 미각 / 시각 / 도량형 단위 / 인종 / 나이 / 신체부분 / 인체기관 / 옷차림 / 정서 / 사상 / 몸동작 / 지구 / 지질 / 광물 / 지대 / 바다 / 별 / 태양계 / 은하계 / 기후 / 바람 / 일 / 월 / 동물 / 포유류 / 조류 / 파충류 / 양서류 / 어류 / 극피동물 / 절지동물 / 연체동물 / 하등동물 / 나무 / 과일 / 야채 / 식물류 / 대양과 대륙 / 반도 / 사막 / 가족 / 집 / 옷 / 음식 / 시설 / 학교 / 학과 / 질병 / 행정 / 입법 / 사법 / 군인 / 전쟁 / 언어 / 기념일 / 유물 / 고려가요 / 문학 장르 / 사자성어 / 문자 / Idiom / 수학 / 요지 / 시 · 청각구조 / 구전 / 진화 / 예술 / 회화 / 관현악기 / 건반 · 타악기 / 음조 / 성역 / 신앙 / 종교

사용 지침

어휘 범주화 카드는 기억력 향상 전략뿐 아니라 어휘 유창성 및 표현력을 키워 주기 위한 학습 자료로도 활용 가능하다. 범주화에서는 항목을 분류하고 집합의 이름을 붙이는 것으로, 머릿글자 활용하기에서는 단어나 문장을 만들어 보는 것으로, 그래픽 조직화에서는 개념들 간의 위계를 구분짓는 것 등으로 활용할 수 있다. 또한 기초학습능력 향상 전략에서는 음운 인식 훈련용 어휘로서도 사용할 수 있다.

지시

거기	그것
여기	요것
이것	저것
저기	어디
저	얼마

지시	지시
지시	지시
지시	지시
지시	지시
지시	지시

형태

사각형	사다리꼴
삼각형	역삼각형
오각형	육각형
정삼각형	직각삼각형
타원형	평행사변형

형태	형태
형태	형태
형태	형태
형태	형태
형태	형태

선

곡선	단선
선분	실선
직선	복선
불연속선	수직선
파선	수평선

선	선
선	선
선	선
선	선
선	선

청각

고요하다	시끄럽다
조용하다	소란스럽다
떠들썩하다	소곤대다
카랑카랑하다	아우성대다
시끌벅적하다	귓속말하다

청각	청각
청각	청각
청각	청각
청각	청각
청각	청각

촉각

뻣뻣하다	거칠다
까칠까칠하다	따뜻하다
매끄럽다	보드랍다
보들보들하다	선선하다
쌀쌀하다	춥다

촉각	촉각
촉각	촉각
촉각	촉각
촉각	촉각
촉각	촉각

미각

달콤하다	떨떠름하다
매콤하다	비릿비릿하다
상큼하다	시큼하다
씁쓸하다	짭짤하다
새콤하다	싱겁다

미각	미각
미각	미각
미각	미각
미각	미각
미각	미각

시각

- 껌껌하다
- 맑다
- 밝다
- 새까맣다
- 시커멓다
- 어두침침하다
- 어둡다
- 희미하다
- 더럽다
- 우중충하다

시각	시각
시각	시각
시각	시각
시각	시각
시각	시각

도량형 단위

그램	킬로미터
메가바이트	미터
밀리그램	밀리미터
바이트	센티미터
인치	킬로그램

도량형 단위	도량형 단위
도량형 단위	도량형 단위
도량형 단위	도량형 단위
도량형 단위	도량형 단위
도량형 단위	도량형 단위

인종

샘족	햄족
게르만족	몽고족
백인종	인도-게르만족
라틴족	황인종
흑인종	아리안족

인종	인종
인종	인종
인종	인종
인종	인종
인종	인종

나이

구순	불혹
백수	약관
연세	육순
이순	지천명
천수	춘추

나이	나이
나이	나이
나이	나이
나이	나이
나이	나이

나이

칠순	팔순
환갑	회갑
희수	미수
백수	연령
입지	나이

나이	나이
나이	나이
나이	나이
나이	나이
나이	나이

신체부분

가슴	팔
다리	무릎
발	배
손	머리
눈	코

신체부분	신체부분
신체부분	신체부분
신체부분	신체부분
신체부분	신체부분
신체부분	신체부분

인체기관

자궁	췌장
허파	폐
신장	간
심장	식도
위장	대장

인체기관	인체기관
인체기관	인체기관
인체기관	인체기관
인체기관	인체기관
인체기관	인체기관

옷차림

단아하다	단정하다
사치스럽다	소탈하다
수수하다	화려하다
깨끗하다	검소하다
깔끔하다	수려하다

옷차림	옷차림
옷차림	옷차림
옷차림	옷차림
옷차림	옷차림
옷차림	옷차림

정서

행복하다	기쁘다
즐겁다	신나다
만족스럽다	흐뭇하다
좋다	멋지다
황홀하다	사랑하다

정서	정서
정서	정서
정서	정서
정서	정서
정서	정서

정서

편안하다	아늑하다
따뜻하다	안심하다
온화하다	평화롭다
고맙다	감사하다
마음이 통하다	믿음직스럽다

정서	정서
정서	정서
정서	정서
정서	정서
정서	정서

정서

대견하다	힘이 되다
감동하다	신뢰하다
존경스럽다	자랑스럽다
든든하다	의지하다
그립다	기대하다

정서	정서
정서	정서
정서	정서
정서	정서
정서	정서

정서

재미있다

흥미롭다

관심 갖다

호기심 생기다

짜릿하다

흥분하다

애틋하다

정이 가다

애정어린

돌보고 싶은

정서	정서
정서	정서
정서	정서
정서	정서
정서	정서

정서

생동감 넘치는	생기발랄한
활기찬	기운나는
희망적인	싱그러운
산뜻한	보람 있는
의욕이 생기는	소중한

정서	정서
정서	정서
정서	정서
정서	정서
정서	정서

정서

자유로운	가벼운
상쾌한	시원한
어여쁜	함께 있고 싶은
들뜨는	떳떳한
괜찮은	충분한

정서	정서
정서	정서
정서	정서
정서	정서
정서	정서

정서

부담스럽다	짜증나다
귀찮다	불안하다
꺼림직하다	눈꼴시다
뒤숭숭하다	따분하다
떨떠름하다	불편하다

정서	정서
정서	정서
정서	정서
정서	정서
정서	정서

정서

두렵다	무섭다
미워하다	복잡하다
분하다	불쌍하다
초조하다	성가시다
죄책감 느끼다	시무룩하다

정서	정서
정서	정서
정서	정서
정서	정서
정서	정서

정서

싫다	심심하다
가슴 아프다	아찔하다
얄밉다	언짢다
고통스럽다	원망스럽다
어색하다	증오하다

정서	정서
정서	정서
정서	정서
정서	정서
정서	정서

정서

창피하다	위축되다
착잡하다	허탈하다
혐오스럽다	화나다
의심스럽다	의아하다
긴장하다	끔찍하다

정서	정서
정서	정서
정서	정서
정서	정서
정서	정서

정서

서글프다	슬프다
쓸쓸하다	외롭다
우울하다	괴롭다
당황스럽다	혼란스럽다
침울하다	한심하다

정서	정서
정서	정서
정서	정서
정서	정서
정서	정서

사상

자연주의	전체주의
민주주의	공산주의
행동주의	실질주의
심리주의	입체주의
물질만능주의	현실주의

사상	사상
사상	사상
사상	사상
사상	사상
사상	사상

몸동작

가리키다	구부리다
긁다	꼬집다
날아가다	내딛다
넘어지다	눕다
달려가다	엎드리다

몸동작	몸동작
몸동작	몸동작
몸동작	몸동작
몸동작	몸동작
몸동작	몸동작

몸동작

떠밀다	만지작거리다
매달리다	비틀다
업다	우물거리다
움켜쥐다	으깨다
거머쥐다	부딪치다

몸동작	몸동작
몸동작	몸동작
몸동작	몸동작
몸동작	몸동작
몸동작	몸동작

지구

경도	경선
공전주기	남회귀선
위도	위선
자전주기	자전
적도	자기장

지구	지구
지구	지구
지구	지구
지구	지구
지구	지구

지질

고령토	고생계
선캄브리아대	순상지
원생대	신생계
중생계	표토
모질물	제4기층

지질	지질
지질	지질
지질	지질
지질	지질
지질	지질

광물

감람석	금강석
방해석	석류석
인회석	휘석
주석	자칠광
활석	철

광물	광물
광물	광물
광물	광물
광물	광물
광물	광물

지대

고산지대	고원지대
관목지대	구릉지대
밀림지대	사막지대
우림지대	툰드라지대
열대고산지대	평야지대

지대	지대
지대	지대
지대	지대
지대	지대
지대	지대

바다

대륙붕

밀물

썰물

파도

해류

해수

해안

방파제

수온약층

수평선

바다	바다
바다	바다
바다	바다
바다	바다
바다	바다

별

북극성	북두칠성
사자자리	오리온
처녀자리	천칭자리
플라네스타리움	은하계
왕관자리	혜성

별	별
별	별
별	별
별	별
별	별

태양계

코페르니쿠스	태양
토성	혜왕성
화성	외행성
개기일식	목성
명왕성	천왕성

태양계	태양계
태양계	태양계
태양계	태양계
태양계	태양계
태양계	태양계

은하계

가스성운	구상성단
반사성운	암흑성운
은하수	변광성
성단	성운
은하	은하면

은하계	은하계
은하계	은하계
은하계	은하계
은하계	은하계
은하계	은하계

기후

건조기후	계절풍기후
대륙성기후	아열대기후
열대기후	해양성기후
산지기후	습윤기후
해안기후	한대기후

기후	기후
기후	기후
기후	기후
기후	기후
기후	기후

바람

높새바람	무역풍
삭풍	샛바람
하늬바람	회오리바람
태풍	북서풍
남서풍	마파람

바람	바람
바람	바람
바람	바람
바람	바람
바람	바람

일(日)

금요일	목요일
수요일	월요일
일요일	토요일
화요일	주일
초일	보름

일(日)	일(日)
일(日)	일(日)
일(日)	일(日)
일(日)	일(日)
일(日)	일(日)

월(月)

1월	2월
3월	4월
5월	6월
7월	8월
9월	10월

월(月)	월(月)
월(月)	월(月)
월(月)	월(月)
월(月)	월(月)
월(月)	월(月)

동물

무척추동물	척추동물
고등동물	하등동물
육식동물	날짐승
맹수	잡식동물
초식동물	가축

동물	동물
동물	동물
동물	동물
동물	동물
동물	동물

포유류

강아지	고래
고양이	낙타
늑대	사자
코끼리	개
송아지	호랑이

포유류	포유류
포유류	포유류
포유류	포유류
포유류	포유류
포유류	포유류

조류

기러기	까마귀
독수리	두루미
비둘기	뻐꾸기
올빼미	잉꼬
참새	타조

조류	조류
조류	조류
조류	조류
조류	조류
조류	조류

파충류

거북이	구렁이
남생이	도마뱀
뱀	악어
코브라	살모사
꽃뱀	백사

파충류	파충류
파충류	파충류
파충류	파충류
파충류	파충류
파충류	파충류

양서류

개구리	도롱뇽
두꺼비	참개구리
청개구리	황소개구리
맹꽁이	무미목
유미류	영원과

양서류	양서류
양서류	양서류
양서류	양서류
양서류	양서류
양서류	양서류

어류

가오리	가자미
갈치	고등어
금붕어	날치
넙치	참치
상어	잉어

어류	어류
어류	어류
어류	어류
어류	어류
어류	어류

극피동물

멍게	바다나리
불가사리	해면
해삼	보라성게
해면동물	갯송동물
원색동물	관족

극피동물	극피동물
극피동물	극피동물
극피동물	극피동물
극피동물	극피동물
극피동물	극피동물

절지동물

개미	거미
꽃게	메뚜기
바퀴벌레	잠자리
장구벌레	풍뎅이
벌	모기

절지동물	절지동물
절지동물	절지동물
절지동물	절지동물
절지동물	절지동물
절지동물	절지동물

연체동물

꼴뚜기	달팽이
문어	바지락
소라	오징어
굴	조개
홍합	낙지

연체동물	연체동물
연체동물	연체동물
연체동물	연체동물
연체동물	연체동물
연체동물	연체동물

하등동물

강장동물	모악동물
원생동물	편형동물
플라나리아	해파리
거머리	산호
말미잘	아메바

하등동물	하등동물
하등동물	하등동물
하등동물	하등동물
하등동물	하등동물
하등동물	하등동물

나무

가시나무	너도밤나무
낙엽수	상록수
후박나무	코르크나무
은행나무	참나무
전나무	올리브 나무

나무	나무
나무	나무
나무	나무
나무	나무
나무	나무

과일

감	멜론
바나나	배
백도	복숭아
사과	산딸기
살구	수박

과일	과일
과일	과일
과일	과일
과일	과일
과일	과일

야채

시금치	더덕
오이	마늘
호박	치커리
상추	양파
브로콜리	깻잎

야채	야채
야채	야채
야채	야채
야채	야채
야채	야채

식물류

종자식물	쌍떡잎식물
고사리식물	이끼식물
진균식물	홍조식물
갈조식물	녹조식물
세균식물	바이러스

식물류	식물류
식물류	식물류
식물류	식물류
식물류	식물류
식물류	식물류

대양과 대륙

인도양	남아메리카
북아메리카	아시아
아프리카	오세아니아
유럽	남극해
태평양	대서양

대양과 대륙	대양과 대륙
대양과 대륙	대양과 대륙
대양과 대륙	대양과 대륙
대양과 대륙	대양과 대륙
대양과 대륙	대양과 대륙

반도

갈마반도	발칸반도
아라비아반도	인도반도
인도지나반도	플로리다반도
한반도	호도반도
이베리아반도	크림반도

반도	반도
반도	반도
반도	반도
반도	반도
반도	반도

사막

고비사막	사하라사막
칼라하리사막	툰드라사막
애리조나사막	빅토리아사막
터키스탄사막	타르사막
소노라사막	건조사막

사막	사막
사막	사막
사막	사막
사막	사막
사막	사막

가족

부모	형제자매
조부모	손자
고모	삼촌
당숙	숙모
이모	처남

가족	가족
가족	가족
가족	가족
가족	가족
가족	가족

집

기와집	너와집
아파트	연립주택
초가집	토담집
통나무집	빌라
주택	다세대

집	집
집	집
집	집
집	집
집	집

옷

양복	한복
외투	속옷
와이셔츠	양말
스커트	바지
코트	반바지

옷	옷
옷	옷
옷	옷
옷	옷
옷	옷

음식

국수	냉면
비빔밥	빵
자장면	칼국수
갈비	김치
김치찌개	꼬리곰탕

음식	음식
음식	음식
음식	음식
음식	음식
음식	음식

음식

동태찌개	아이스크림
샌드위치	애플파이
햄버거	초코파이
케이크	유과
계란찜	푸딩

음식	음식
음식	음식
음식	음식
음식	음식
음식	음식

시설

공기정화시설	급수시설
놀이시설	도난방지시설
소방시설	전기시설
조명시설	주방시설
편의시설	하수도시설

시설

시설

시설

시설

시설

시설

시설

시설

시설

시설

학교

초등학교	기술학교
대학교	대학원
법과대학	사범대학
의과대학	중학교
고등학교	유치원

학교	학교
학교	학교
학교	학교
학교	학교
학교	학교

학과

간호학과	건축학과
아동학과	고고학과
교육학과	국문학과
농학과	독어독문학과
외교학과	심리학과

학과	학과
학과	학과
학과	학과
학과	학과
학과	학과

학과

약학과	천문학과
철학과	컴퓨터공학과
특수교육과	영어교육과
전산학과	신문방송학과
산업디자인과	의학과

학과	학과
학과	학과
학과	학과
학과	학과
학과	학과

질병

감기	간암
결막염	고혈압
골수암	뇌졸중
당뇨병	동맥경화
맹장염	백내장

질병	질병
질병	질병
질병	질병
질병	질병
질병	질병

질병

소화불량	심장병
에이즈	저혈압
천식	백혈병
몸살	축농증
폐암	협심증

질병	질병
질병	질병
질병	질병
질병	질병
질병	질병

행정

교육부	교통부
내무부	노동부
문화체육부	법무부
보건사회부	외무부
재무부	국무총리

행정	행정
행정	행정
행정	행정
행정	행정
행정	행정

입법

민법	법률
법률안	입법부
실질법	실체법
형법	호적법
제정법	입법원

입법	입법
입법	입법
입법	입법
입법	입법
입법	입법

사법

가정법원	고등법원
특별법원	대법원
지방법원	헌법재판소
사법재판	형사재판
사법재판소	사법부

사법	사법
사법	사법
사법	사법
사법	사법
사법	사법

군인

공수특전단	소령
병장	소위
예비군	육군
이병	장교
장군	중령

군인	군인
군인	군인
군인	군인
군인	군인
군인	군인

군인

지휘관	하사관
해군	해병
현역	특수부대
패잔병	중사
공군	대령

군인	군인
군인	군인
군인	군인
군인	군인
군인	군인

전쟁

독립전쟁	6 · 25전쟁
세계대전	청일전쟁
종교전쟁	침략전쟁
태평양전쟁	혁명전쟁
7년전쟁	해방전쟁

전쟁	전쟁
전쟁	전쟁
전쟁	전쟁
전쟁	전쟁
전쟁	전쟁

언어

감탄사	관계사
소유대명사	대명사
수사	실질명사
접속부사	접속사
접속어	조사

언어	언어
언어	언어
언어	언어
언어	언어
언어	언어

언어

형용사	합성어
형태론	보조사
복합어	관형사
음운법칙	완전명사
지시형용사	접두사

언어	언어
언어	언어
언어	언어
언어	언어
언어	언어

기념일

개천절	건국기념일
국군의 날	삼일절
석가탄신일	성탄절
스승의 날	식목일
어린이날	어버이날

기념일	기념일
기념일	기념일
기념일	기념일
기념일	기념일
기념일	기념일

기념일

제헌절	한글날
발명의 날	과학의 날
독립기념일	발렌타인데이
수출의 날	학생의 날
민속의 날	광복절

기념일	기념일
기념일	기념일
기념일	기념일
기념일	기념일
기념일	기념일

유물

고려청자	백자
고인돌	석총
금동불상	옹관묘
돌도끼	조개무지
목관	지석묘

유물	유물
유물	유물
유물	유물
유물	유물
유물	유물

고려가요

사모곡	가시리
상저가	청산별곡
동동	만전춘
정석가	쌍화점
서경별곡	정읍사

고려가요	고려가요
고려가요	고려가요
고려가요	고려가요
고려가요	고려가요
고려가요	고려가요

문학 장르

감상문	서간문
소설	수필
시나리오	설명문
논설문	시
기행문	전기문

문학 장르	문학 장르
문학 장르	문학 장르
문학 장르	문학 장르
문학 장르	문학 장르
문학 장르	문학 장르

사자성어

청렴결백	관포지교
고진감래	오비이락
유비무환	와신상담
전화위복	호형호제
살신성인	아전인수

사자성어	사자성어
사자성어	사자성어
사자성어	사자성어
사자성어	사자성어
사자성어	사자성어

문자

갑골문자	고대문자
그리스문자	라틴문자
로마문자	상형문자
이집트문자	표기문자
표의문자	아즈텍문자

문자	문자
문자	문자
문자	문자
문자	문자
문자	문자

Idiom

a white lie	do time
black out	easy does it
all ears	hit home
hands on	check in
go dutch	call it a day

Idiom	Idiom
Idiom	Idiom
Idiom	Idiom
Idiom	Idiom
Idiom	Idiom

수학

행렬	확률
미분 · 적분	삼각함수
기하학	집합
피타고라스의 정리	방정식
통계	십진법

수학	수학
수학	수학
수학	수학
수학	수학
수학	수학

요지

골자	논점
논지	문장개요
역점	요지
쟁점	중추
핵심	화제개요

요지	요지
요지	요지
요지	요지
요지	요지
요지	요지

시 · 청각구조

달팽이관

유리체

고막

홍채

유스타키오관

망막

청각세포

모양체

외이

공막

시 · 청각구조	시 · 청각구조
시 · 청각구조	시 · 청각구조
시 · 청각구조	시 · 청각구조
시 · 청각구조	시 · 청각구조
시 · 청각구조	시 · 청각구조

구전

건국신화	구비문학
구연	구전
단군신화	문헌설화
민담	설화
신화	전설

구전	구전
구전	구전
구전	구전
구전	구전
구전	구전

진화

개체발생	돌연변이설
라마르크	용불용설
자연선택	적자생존
변이	고유종
계통발생	공통종

진화	진화
진화	진화
진화	진화
진화	진화
진화	진화

예술

공간예술	구상예술
조형예술	무대예술
민속예술	비디오아트
순수예술	행위예술
응용예술	전위예술

예술	예술
예술	예술
예술	예술
예술	예술
예술	예술

회화

구상화	동양화
삽화	수채화
정물화	초상화
판화	인물화
추상화	풍경화

회화	회화
회화	회화
회화	회화
회화	회화
회화	회화

관현악기

클라리넷	바이올린
섹소폰	첼로
베이스	더블베이스
호른	비올라
오보에	하프

관현악기	관현악기
관현악기	관현악기
관현악기	관현악기
관현악기	관현악기
관현악기	관현악기

건반 · 타악기

피아노	트라이앵글
오르간	심벌즈
풍금	드럼
쳄발로	북
아코디언	징

건반 · 타악기	건반 · 타악기
건반 · 타악기	건반 · 타악기
건반 · 타악기	건반 · 타악기
건반 · 타악기	건반 · 타악기
건반 · 타악기	건반 · 타악기

음조

가래조	굿거리
단모리	두마치
세마치	엇모리
엇중모리	잦은모리
중모리	휘모리

음조	음조
음조	음조
음조	음조
음조	음조
음조	음조

성역

메조소프라노	바리톤
베이스	소프라노
알토	테너
음색	음질
저음	중음

성역	성역
성역	성역
성역	성역
성역	성역
성역	성역

신앙

무속신앙	애니미즘
토테미즘	극락
도심	영혼
토속신앙	프레애니미즘
신심	수도

신앙	신앙
신앙	신앙
신앙	신앙
신앙	신앙
신앙	신앙

종교

기독교	천주교
도교	불교
원불교	이슬람교
증산교	천도교
힌두교	그리스정교

종교	종교
종교	종교
종교	종교
종교	종교
종교	종교

저자약력

■ 최정원

성심여자대학교 심리학과 학사
가톨릭대학교 대학원 심리학과 석사
가톨릭대학교 대학원 심리학과 박사과정
가톨릭대학교 학생생활상담소 상담 및 임상 인턴과정 수료
계요병원 신경정신과 임상심리전문가 수련
중앙 길병원 신경정신과 임상심리전문가 수련
한국발달심리연구소 연구원
한림인지학습연구원 임상심리전문가
(현) 임상심리연구소 학습과 사랑 대표

[저서 및 논문]
학습효율성증진 프로그램(한국발달심리연구소, 2003)
학습기술개입에 관한 개관(학생생활상담, 2002)외

■ 이영호

서울대학교 심리학과 학사
서울대학교 대학원 심리학과 석사
서울대학교 대학원 심리학과 박사
서울대학교병원 신경정신과 임상심리전문가 수련
임상심리전문가
정신보건임상심리사 1급
한국임상심리학회 회장 역임
(현) 가톨릭대학교 사회과학부 교수

[저서 및 논문]
K-WAIS 실시요강(공저, 한국가이던스, 1992)
심리학-인간의 이해(공저, 학지사, 1996)
임상심리학입문(역서, 학지사, 2001)외 다수

전문가용

학습치료 프로그램

어휘 범주화 카드 ⑪

2006년 8월 30일 1판 1쇄 발행
2012년 7월 20일 1판 5쇄 발행

지은이 • 최정원 이영호

펴낸이 • 김 진 환

펴낸곳 • (주) 학지사

121-838 서울특별시 마포구 양화로 15길 20 마인드월드빌딩 5층

대표전화 • 02) 330-5114 팩스 • 02) 324-2345

등록번호 • 제313-2006-000265호

홈페이지 • http://www.hakjisa.co.kr
커뮤니티 • http://cafe.naver.com/hakjisa

ISBN 978-89-5891-361-0 94370
978-89-5891-350-9 (set)

정가 14,000원

저자와의 협약으로 인지는 생략합니다.
파본은 구입처에서 교환하여 드립니다.

학습치료 프로그램 시리즈

[학생용 워크북] 학습동기 향상 전략 ①

값 6,000원

학습동기 향상 전략은 학습에 필요한 마음과 동기를 증진시키는 것을 통해 학업수행능력을 향상시키는 것을 목표로 한다. 목표 및 가치의 인식, 학습동기를 위한 실천 방안, 자기 이해의 장으로 구성되어 있다.

[학생용 워크북] 주의집중력 향상 전략 ②

값 6,000원

주의집중력 향상 전략은 주의집중 문제의 평가, 집중을 어렵게 하는 요인들의 탐색, 주의집중력 향상을 위한 실천 계획 및 전략 훈련을 통해 주의집중력을 향상시키는 것을 목표로 한다.

[학생용 워크북] 기억력 향상 전략 ③

값 6,000원

기억력 향상 전략은 효과적인 기억 방법을 통해 학습 내용을 보다 잘 이해하고 기억할 뿐 아니라, 학습에 필요한 일반적인 사고능력을 향상시키는 것을 목표로 한다. 주요 내용은 학습 준비와 기억 전략 실습으로 구성되어 있다.

[학생용 워크북] 효과적인 읽기 및 필기 전략 ④

값 6,000원

효과적인 읽기 및 필기 전략은 읽기를 위한 준비활동과 핵심 찾기, SQRW를 포함하는 읽기 및 필기 전략 훈련을 통해 학습 내용에 대한 이해와 깊이를 더하고 기억 및 조직화 능력을 향상시키는 것을 목표로 한다.

[학생용 워크북] 사고력 향상 전략 ⑤

값 6,000원

사고력 향상 전략은 생각의 폭과 깊이를 더해 줌으로써 학습능력과 일반적인 문제해결능력을 향상시키는 것을 목표로 한다. 사고력의 개념 이해, 창의적 · 논리적 · 비판적 사고를 증진시키기 위한 전략 및 언어적 추론능력 향상으로 구성되어 있다.

[학생용 워크북] 효과적인 외국어 학습 전략 및 수학적 문제해결 전략 ⑥

값 6,000원

외국어 학습 전략의 목표는 학습 내용을 이해, 저장 및 기억하는 데 필요한 효과적인 학습 방법을 통해 외국어 학습능력의 발달을 돕고자 하는 것이다. 주요 내용은 외국어 학습 전략 살펴보기, 효과적인 외국어 학습 전략의 실제로 구성되어 있다. 수학적 문제해결 전략은 자기 점검 활동과 단계적인 문제해결을 향상시키는 것에 초점을 맞추었으며, 수학적 태도 점검 및 수학능력 향상을 위한 실천 원리, 논리적 · 탐구적 활동을 통해 수학과 친해지기, 초인지적 수학능력 향상을 위한 ISLAND 전략이 있다.

학습치료 프로그램 시리즈

[학생용 워크북] 기초학습능력 향상 전략 ⑦

값 15,000원

기초학습능력 향상 전략은 문자와 구어를 통한 언어적 이해, 표현, 개념화 등의 기초학습 영역에서 어려움을 보이는 학생들을 위해 고안되었다. 주요 내용은 자모 및 낱자 익히기, 음운 인식 훈련을 통한 심화학습, 어휘 유창성 향상, 문장력 및 읽기 이해력 향상에 관한 내용으로 구성되어 있다.

[학생용 워크북] 시험불안 다루기 전략 및 시험 전략 ⑧

값 8,000원

시험불안 다루기 전략의 목표는 자기 이해와 자기 조절 능력의 향상을 통해 과도한 불안을 완화시키고, 궁극적으로 효과적인 학업 수행과 성취를 가능하게 하는 것이다. 시험 전략은 시간적 대비, 시험 유형에 따른 대처법 및 효과적인 시험 치르기 등과 관련된 기술들을 습득하고 활용하는 것을 통해 학습 능률을 향상시키는 것을 목표로 한다.

[학생용 워크북] 효과적인 시간·공간 관리 전략 및 학업 스트레스 관리 전략 ⑨

값 6,000원

효과적인 시간·공간 관리 전략은 시간 관리를 위한 지침, 다양한 시간 관리 전략, 문제 분석 및 학습 공간 관리를 통해 학업 성취에 영향을 미치는 자기 관리 및 자기 조절 능력 향상을 목표로 한다. 학업 스트레스 관리 전략은 스트레스에 대한 개념 이해, 스트레스 요인 탐색 및 다양한 스트레스 대처 전략을 통해 스트레스에 효과적으로 대처할 수 있는 능력을 향상시키는 것을 목표로 한다.

[전문가용] 학습치료 프로그램 지침서 ⑩

값 18,000원

학습치료 프로그램은 심리적 안정과 정신건강 증진을 위한 심리치료적 접근과, 효과적인 학습 전략 획득을 위한 교육적인 접근을 통합하여 초·중·고등학교 학생들의 학습능력과 학습효율성 증진이라는 목표를 달성하기 위한 것이다. 임상 장면에서는 전문가가 주의력결핍과잉행동장애(ADHD), 학습장애(LD) 및 학습지체 아동 또는 청소년에게 이 프로그램을 적용할 수 있으며, 일반 교육 현장에서는 교사가 학생들의 학습잠재력을 개발하여 보다 나은 학업 성취를 이루기 위해 폭넓게 활용할 수 있다.

[전문가용] 어휘 범주화 카드 ⑪

값 14,000원

어휘 범주화 카드를 활용하여 어휘력의 범위와 표현력을 증진시키는 활동을 할 수 있다.

최정원·이영호 공저 / 국배판 / 전11권(학생용 워크북 9권·전문가용 2권) / 세트가 97,000원